À pas de loup

(6.95)

Trop... amoureux !

Texte : Danielle Vaillancou[...]
Illustrations : Marie-Claude Fa[...]

Néva aime son chien Max. Mais Max
est un peu trop affectueux.

Et beaucoup trop turbulent !

Quand Néva arrive de l'école,
Max devient trop content.

Mais le pire de tout, c'est que Max
est trop… amoureux!

Max est amoureux de Boulette,
une petite chienne toute ronde.

Boulette est juste assez... calme.
Boulette est juste assez... contente.

Cependant, Boulette n'est vraiment
pas amoureuse de Max!

Pour épater sa belle, Max veut se montrer fort et courageux.

Mais voilà qu'arrive Chipie, et aussitôt…

Max se sauve plus vite que son ombre.

Boulette soupire. Max est trop peureux !

Boulette veut un amoureux courageux.

Max est triste. Néva lui dit :

« Montre ce que tu sais faire. Donne
la patte à Boulette. »

Max veut tellement séduire Boulette
qu'il lève les **deux** pattes.

Puis il tombe sur le dos !

Boulette soupire. Elle ne veut pas
d'un amoureux maladroit.

Néva chuchote : « Sois généreux avec Boulette. Offre-lui un cadeau. »

Oups ! Max est trop excité ! Son cadeau
tombe au fond de l'étang.

Boulette soupire. Elle ne veut pas d'un
amoureux tout mouillé.

Néva dit : « Si tu cours vite, peut-être
que Boulette va t'aimer. »

OH NOOOOOOOOOON !

Max freine trop tard. Il fait une culbute
et tombe… dans la boue.

Boulette soupire. Elle veut un amoureux
courageux, adroit, bien sec et tout propre !

Découragé, Max ne mange plus,
ne jappe plus.

Néva essaie de consoler Max. Elle lui
raconte sa journée, ses jeux, ses blagues.
Mais Max est trop triste.

Tout à coup... Néva a une idée! Elle dévoile
à son chien le secret des vrais amoureux.

Max devient alors tout doux…
Trop doux ?

Jamais trop doux !

As-tu lu trop... attentivement ?

C'est ce qu'on va voir...

Essaie de répondre aux questions suivantes.

1. Que fait Max quand Néva revient de l'école ?
a) Il est trop fâché d'avoir été laissé seul et il boude.
b) Il a trop peur et il se sauve sous le lit.
c) Il est trop content et il saute sur Néva.

2. Comment s'appelle le petit chien qui fait peur à Max ?
a) Chipie.
b) Charpie.
c) Bikini.

3. Qu'arrive-t-il au cadeau que Max veut offrir à Boulette ?
a) Il se fait voler par Chipie.
b) Il tombe au fond de l'étang.
c) Il est mangé par un crocodile.

4. À la fin, comment fait Max pour séduire Boulette ?
a) Il devient trop doux et lui fait des bisous.
b) Il devient trop fou et la fait rire.
c) Il devient trop riche et lui achète un os géant.

Tu peux vérifier tes réponses en consultant le site Internet des éditions Dominique et compagnie, à : www.dominiqueetcompagnie.com/apasdeloup.

À cette adresse, tu trouveras aussi des informations sur les autres titres de la série, des renseignements sur l'auteure et l'illustratrice et plein d'autres choses intéressantes !

Tu as aimé cette histoire ?
Tu as envie de découvrir toutes les aventures de Max et Néva ?

Voici les autres titres de cette série.